BEI GRIN MACHT SICH IHR WISSEN BEZAHLT

Jessica von Haeseler

Kurz-Exkursion durch das Gebiet zukunftsweisender Technologien

GRIN Verlag

Bibliografische Information der Deutschen Nationalbibliothek:

Die Deutsche Bibliothek verzeichnet diese Publikation in der Deutschen National-
bibliografie; detaillierte bibliografische Daten sind im Internet über http://dnb.d-
nb.de/ abrufbar.

Impressum:

Copyright © 2006 GRIN Verlag GmbH
Druck und Bindung: Books on Demand GmbH, Norderstedt Germany
ISBN: 978-3-640-12297-4

Dieses Buch bei GRIN:

http://www.grin.com/de/e-book/94448/kurz-exkursion-durch-das-gebiet-zukunfts-
weisender-technologien

GRIN - Your knowledge has value

Der GRIN Verlag publiziert seit 1998 wissenschaftliche Arbeiten von Studenten, Hochschullehrern und anderen Akademikern als eBook und gedrucktes Buch. Die Verlagswebsite www.grin.com ist die ideale Plattform zur Veröffentlichung von Hausarbeiten, Abschlussarbeiten, wissenschaftlichen Aufsätzen, Dissertationen und Fachbüchern.

Besuchen Sie uns im Internet:

http://www.grin.com/

http://www.facebook.com/grincom

http://www.twitter.com/grin_com

Referat im Fach Sozialmedizin

An der ASFH Berlin

Im 3. Semester

Januar 2006

Referentin: Jessica von Haeseler

Kurz-Exkursion durch das Gebiet zukunftsweisender Technologien

Inhaltsverzeichnis

Anmerkung

Einige der verwendeten Texte sind sowohl in Druckform als auch im Internet publiziert worden. An den Stellen, an denen ich mich auf die Internetversion beschränkt habe, weichen die angegebenen Daten eventuell von denen der Printmedien ab.

Alle in dieser Arbeit genannten weiblichen Begriffe gelten selbstredend auch für das männliche Geschlecht. Wo dies nicht der Fall ist, wird dies gesondert hervorgehoben. Zitate blieben zweifelsohne unverändert.

CD-Einleitung

Wir sind heute hier

Wir existieren

Eingebettet in kleine soziale Kreise

Eingebettet in größere soziale Kreise

Eingebettet in kleine Systeme

Und diese – wiederum eingebettet in ein großes System

Welches sich in ein Planetensystem einfügt

Alle diese Kreise und Systeme durchdringen einander

Wir leben und atmen die Atmosphäre der Erde

Einem Planeten – auf dem Leben entstehen konnte

Durch unentwegtes Experimentieren

Durch Zufall – Ein System also

entstanden aus seinem größten Widersacher

- Dem Chaos

Man erwartet den Zerfall unseres Heimatplaneten

In mehreren hundert Millionen Jahren

Nichts steht endgültig still

So auch nicht der Geist des Menschen

Parasitär sucht er nach dem Schlüssel

Sich Raum und Zeit anzueignen

Er hat sich weitere Systeme geschaffen

Seinesgleichen zu überwachen, zu kopieren, zu verbessern

In seinem unentwegten Streben nach Perfektion

Und nach Unsterblichkeit

Was kann vollkommener sein als eine Maschine

Die programmiert wurde

Gewissenhaft zu tun

Was der Mensch von ihr erwartet

Und was kann erhabener sein

Als eine Welt zu bauen – Gott gleich

Nach eigenen Vorstellungen

Nur einen Fehler gibt es noch auszugleichen

Der Mensch ist sterblich

Einleitung

"Sie diskutieren, weshalb sie das neue Geld nicht für (...) Museen, für moderne Kunst oder der UNICEF (...) spenden. Technologie sei moderne Kunst. Technologie werde die Welt retten, sagen sie".[1]

Eine wichtige Aufgabe der Sozialmedizin besteht in der Untersuchung des Zusammenhanges zwischen Gesundheit einerseits und genetischen Faktoren, Umwelteinflüssen, Lebensstilvariablen sowie sozialer Milieus andererseits.

In dieser Ausarbeitung geht es auch um die Zukunft – aber nur in sofern, dass diese bereits vor unserer Tür steht, während sie von Vielen leichthin als Utopie oder Science-Fiction deklariert wird. Begeben wir uns also in eine Welt der Filme, Comics und Romane.

Warum sollten sich Sozialpädagoginnen und Sozialarbeiterinnen für diese Welt interessieren?

Zunehmende Technisierung und Automatisierung bedingt auch eine neue Arbeitslosigkeit, psychosoziale Krankheitsbilder wie Ängste und Kommunikationsstörungen sowie eine neue Klassengesellschaft. Einige technische Neuerrungenschaften könnten zudem hausgemachte physische Krankheitsbilder hervorrufen, zur gesellschaftlichen Diskriminierung und Kriminalisierung führen, zur Überwachung sowie zur Katalogisierung menschlichen Lebens. Es ist Zeit sich mit dem was heute machbar ist auseinanderzusetzen und einen Standpunkt zu

---

[1] Maresch 2001, S. 128

finden, den man mit gutem Gewissen vertreten kann. „ Die Zukunft erkennt man nicht, man schafft sie."[2]

Zukunftstechnologie ist ein Gewebe verschiedenster Wissenschaftsdisziplinen, die einer Interaktiven „Evolution" unterliegen. Ich will im Folgenden versuchen diesen Komplex anhand einiger ausgewählter Evolutionslinien exemplarisch darzustellen, erhebe also keinen Anspruch auf Vollständigkeit:

Kybernetik

Beginnen wir mit der Kybernetik:

Gehen wir zurück in das Jahr **1746**: Zur Belustigung Louis XV. wie zur Erforschung der elektrischen Leitfähigkeit menschlicher Körper wird aus 180 Gardesoldaten und 200 Mönchen eine Menschenkette gebildet und diese mit einer Leidener Flasche, der Ahnin unseres heutigen Kondensators, verbunden, wodurch sie einen elektrischen Schlag erhalten[3].

1802: Mit Hilfe einer Voltasäule, dem Vorläufer der Batterie, lässt Giovanni Aldini die Köpfe von Enthaupteten im Anschluss an die Hinrichtung Grimassen schneiden, bis die ersten Menschen in Ohnmacht fallen. Er betont, er täte dies „aus der Liebe zur Wahrheit, zu den Menschen und zur Wissenschaft."[4]

1852: Guillaume Benjamin Armand Duchenne de Boulogne entwickelt die Elektrotherapie. Er untersucht Epileptiker, Spastiker und Paraplegiker, indem er einzelne ihrer Muskeln mit Strom reizt und legt daraufhin einen Katalog neurologischer Krankheiten an. Wenn sich ein gelähmter Muskel elektrisch stimulieren ließ, musste der Kontrollmechanismus beschädigt sein, der Fehler also im Gehirn oder der Verbindung dorthin liegen, ansonsten im Muskel selbst. Nach ihm sind heute das echte Lächeln sowie die bekannteste Muskelschwund-Erkrankung benannt: Die Duchenne Muskeldystrophie.[5]

1928: Die Suche nach dem ewigen Leben beflügelt die russischen Wissenschaftler Sergei Brukhonenko und S. Tchetchulin den Kopf eines Hundes von seinem Körper zu trennen und diesen mit einem mechanischen Herzen am Leben zu erhalten; Sie schmieren ihm Essig ums Maul, den die Zunge wegleckt und füttern ihn mit Süßigkeiten, die nach dem Verzehr aus der

---

[2] www.pletschette.net/Expo2000-Planet-of-Vision.htm
[3] Die Leidener Flasche ist ein Instrument zur Speicherung größerer Mengen statischer Elektrizität;
www.uni-regensburg.de/Fakultaeten/phil_Fak_I/Philosophie/Wissenschaftsgeschichte/Termine/E-Maschinen-Lexikon/E/ElektrizitaetTod.htm
[4] Schneider 2004, S. 26 ff.
[5] Schneider 2004, S. 38 ff.

abgetrennten Speiseröhre herausfallen. Das Magazin „Science and Invention" weist auf den großen Nutzen von Tierversuchen hin.[6]

Machen wir einen Sprung in das Jahr **1976**: Es gelingt Gehirnsignale von einem Computer lesen zu lassen. Ein Cursor bewegt sich allein durch Denkarbeit über den Bildschirm.[7]

1995: Die US-Airforce startet ein Projekt, Kampfjets allein durch Gehirnströme zu lenken.[8]

1997: „Als Prototyp einer weit reichenden Entwicklung" wird der erste Bio-Roboter mittels elektronischer Impulse ferngesteuert; es handelt sich um einen Roboroach, eine Küchenschabe, der man anstelle von Fühlern und Flügeln einen Mikroprozessor und ein Elektrodenset implantierte.[9] Auf dem Insekt lässt sich zudem problemlos eine Kamera installieren.

2002: Sanjiv Talwar und John Chapin von der State University of New York entwickeln auf dieser Grundlage den Ratbot, der Einsatz in der Minensuche und bei Bergungen von Verschütteten in Katastrophengebieten finden soll.[10] Sehen wir uns diesen Ratbot genauer an: Die Nachrichten, die normalerweise über die Tasthaare aufgenommen werden, kommen nun von zwei haarfeinen Elektroden. Derart präpariert lassen sich die Ratten per Laptop über 500m vor und zurück sowie nach rechts und links steuern. Eine weitere Elektrode stimuliert dabei den Bereich des Vorderhirns, der das Lustempfinden beim Essen und Trinken steuert. Batterien und Empfänger trägt der Ratbot in einem Rucksack mit sich.[11]

2004: Die NASA stellt einen humanoiden Robonauten vor, der via Telepräsenz gesteuert wird und vorerst nur in der Weltraumtechnik für Reparaturen an der Außenhülle Verwendung finden soll.[12] Eine ausgefeilte Version dieser Art von Sendling wurde schon im Jahre 1986 vom Kybernetiker und Science-Fiction Autor Stanislav Lem in seinem Roman „Frieden auf Erden" beschrieben.

Grundlagen

Doch wenden wir uns kurz den Grundlagen der Kybernetik zu:

Die Wissenschaft der Kybernetik wurde 1948 von Norbert Wiener gegründet und umfasst ein breites Feld. Wiener bezeichnete Kybernetik als „die Wissenschaft von der Regelung und der

---

[6] Schneider 2004, S. 94/95
[7] Bild der Wissenschaft 8/2004, S. 99
[8] Bild der Wissenschaft 1/1995
[9] Rhein-Zeitung 1.12.97
[10] ebenda
[11] P.M. 5/2004, S. 23
[12] Schraft 2004

Nachrichtenübertragung in Lebewesen und Maschinen"[13]. Der Begriff Kybernetik stammt aus dem Altgriechischen und bedeutet soviel wie "Steuermannskunst". Mathematische Spieltheorie, neuronale Netze, System- und Regelungstheorie, Kommunikation, Chaostheorie sowie Organisationsprinzipien – durch all diese und mehr Begriffe navigiert sich die Kybernetik, wobei sie sämtliche metaphorischen und traditionellen Disziplinen streift: von Mathematik, Technologie, Biologie, Physik, Informatik hin zu Philosophie und Sozialwissenschaften. Auf der Kybernetik bauen sowohl die Robotik, die Bionik als auch die Entwicklung der künstlichen Intelligenz auf.

Da hier niemand eingeschläfert werden soll, verweise ich auf die Literaturliste.

Hier und heute

Zurück ins „Hier und Heute":

Implantate [lat.: implantare = einpflanzen][14] haben es mittlerweile weit gebracht. Sie sollen nicht mehr nur den Körper ausformen bzw. als Zahnersatz, als Verhütungsmittel ungewollter Schwangerschaften oder der Steuerung von Bio-Robotern dienen, sondern zudem als Biochips auf Tauchstation zur Überwachung der Körperfunktion gehen und als Retina Implant™ einigen Blinden das Sehen ermöglichen.

BrainGate™, ein Implantat der Cybernetics Incorporated, das motorisch behinderten Menschen die Bedienung eines Rechners per Gedankengang ermöglichen soll[15] wird derzeit, ebenso wie Retina Implant™, in Studien getestet - 2007 will man an den Markt[16].

...und in Zukunft

2008 soll erstmals einem Menschen ein Chip implantiert werden, um künstliche Arme neuronal zu steuern.[17] In Auftrag gegeben vom amerikanischen Verteidigungsministerium, war das Ziel dieses Projektes ursprünglich „eine neue Generation von Elektroden, Computerchips und Software hervorbringen, um Soldaten in die Lage zu versetzen, durch die Kraft ihrer Gedanken mobile Roboter oder ferngesteuerte Fahrzeuge durch gefährliches Terrain zu führen". Es geht darum, „die Fähigkeiten des lebenden Gehirns mit den

---

[13] Grundlagenstudien aus Kybernetik und Geisteswissenschaft 2000
[14] Brockhaus 2000
[15] www.cyberkineticsinc.com/content/clinicaltrials/braingate_trials.jsp
[16] P.M. 6/2004, S. 26; http://www.retina-implant.de/
[17] www.heise.de/tp/r4/artikel/20/20554/1.html

spezialisierten Leistungen eines Computers zu koppeln."[18] 2002 gelang ein erster Durchbruch: Ein Rhesusaffe, dem man zuvor 320 Elektroden in den Schädel implantiert hatte, steuerte per Gedankenkraft den Arm eines Roboters. Ein Computer nahm die Signale auf und leitete sie an die ausführenden künstlichen Organe weiter.[19]

An der Uni Tübingen arbeitet man bereits an einem Gedanken-Übersetzungssystem, um gänzlich gelähmten Menschen die Kommunikation zu ermöglichen.[20] 2006 wird erstmals ein Nano-Roboter des Dresdner Bio-Innovationszentrums in den menschlichen Körper abtauchen. Er soll chemische Verbindungen und Prozesse in der Erbsubstanz und somit Krankheitsursachen erforschen.[21] Am Deutschen Luft- und Raumfahrtzentrum experimentiert man mit computergesteuerten OP-Assistenten. Zudem sucht man derzeit nach Möglichkeiten ausgefallene Hirnfunktionen bei Parkinson- und Alzheimer-Patientinnen mittels „Neuro-Prothesen" zu ersetzen.[22]

Diskutiert wird schon jetzt, ob verbessernde Eingriffe in die Gehirne gesunder Menschen prinzipiell abzulehnen sind.[23]

Der Cyborg, die Menschmaschine, wird greifbar. Der Kybernetiker Kevin Warwick von der Universität Reading leitete bereits 1998 die Ära der direkten Kommunikation zwischen Mensch und Maschine ein, indem er sich einen Chip in den Unterarm einpflanzen ließ, der mit dem Zentralcomputer seines Instituts verbunden war; Türen öffneten sich automatisch und jeder seiner Schritte wurde aufgezeichnet.[24]

2002 ging er noch einen Schritt weiter: Er experimentierte mit einem Silizium-Chip, der es ihm ermöglichte, mit dem Computer direkt in Verbindung zu treten und befehligte einen Lego-Roboter per Gedankenkraft. Sein Hauptinteresse gilt der intelligenten Steuerung von Robotern und der Herstellung von künstlichem Leben.[25]

Auch Stelarc, ein australischer „Maschinen-Künstler" betont den immensen Nutzen der Verschmelzung von Mensch, Maschine und Internet.

---

[18] P.M. 5/2004, S. 24
[19] Spektrum der Wissenschaft; 9/2004, S. 12; P.M. 5/2004, S. 22
[20] P.M. 5/2004, S. 26
[21] www.gen-ethisches-netzwerk.de
[22] P.M. 5/2004, S. 24
[23] Spektrum der Wissenschaft; 9/2004, S. 13
[24] www.kevinwarwick.com
[25] www.archives.arte-tv.com/hebdo/archimed/20000725/dtext/sujet2.html

Was hat das mit Sozialmedizin zu tun?

Wer es sich leisten kann könnte also nach einem schweren Autounfall bald schon zum First-Class-Cyborg mit optimierter Gedankenkraft und perfektionierten Gliedmaßen werden. Was ist mit denen, die aufgrund finanzieller Notlagen durch das soziale Netz fallen, auf Hinterhofpfusch und minderwertige Produkte angewiesen sind, in Zeiten in denen Krankenkassenleistungen immer mehr zurückgeschraubt werden? Schon jetzt ist es möglich die Armut von den Zähnen zu lesen.

Und was, wenn sich derartige Eingriffe auf Dauer negativ auf den menschlichen Organismus auswirken, zu Verwachsungen, Kurzschlüssen und Fehlfunktionen führen?

Und wer kümmert sich um die Menschen, die sich derartige Technik überhaupt nicht leisten können bzw. wollen und deren „traditionelle" Therapien aus lukrativen Aspekten vom Markt verdrängt werden.

Selbstverständlich ist dies eine schleichende Entwicklung, doch sie hat begonnen. Und ebenso wie Gurken-Ernter und Spielzeuge bereits von Cybertechnik abgelöst werden, soll auch die Kommunikation und Versorgung im Dienstleistungsbereich zukünftig soweit möglich von Maschinen übernommen werden.

Internet-Technologie

Werfen wir einen kurzen Blick auf eine heutige Selbstverständlichkeit – das Internet:

„Ohne die Kybernetik säßen wir heute wahrscheinlich noch an mechanischen Schreibmaschinen."[26]

1938: Konrad Zuse entwickelt den ersten Rechnerautomaten. Er wird durch Lochstreifen programmiert und verwendet bereits das Dualsystem. Die Zahlenein- und Ausgabe erfolgt im Dezimalsystem.[27]

1958: Das US-Verteidigungsministerium richtet den Internetvorläufer ARPAnet ein. Es handelt sich hierbei um eine Informationsdatenbank, die als Verbindungsglied zwischen Regierung und Wissenschaft fungiert, mit dem Grundauftrag die Erhaltung der technischen Überlegenheit der Vereinigten Staaten von Amerika zu gewährleisten.[28]

---

[26] Siegfried Piotrowski, Deutsche Gesellschaft für Kybernetik
[27] www.wikipedia.de
[28] Maresch 2001

1969: An der University of California wird der Prototyp eines Mikroprozessors an einen Computer angeschlossen, den man aufgrund seiner Beträchtlichkeiten mit einem Kran in dass Labor heben musste.[29]

1977: Es werden erstmals drei unterschiedliche Netze zusammengeschaltet; die Geburt des Internets.[30]

1989: Das Internet entwickelt sich von einer Militärtechnologie zum Massenmedium.[31]

1995: Microsoft bietet den Internet Explorer kostenlos an und verdrängt den Konkurrenten Netscape vom Markt.[32]

1996: Zur Verringerung der Schmerzen während der Behandlung von Verbrennungen werden Patienten mit einem Datenhelm in den „Cyberspace" versetzt. Die Therapie ist erfolgreich.[33]

1999: Der Verein HSO e.V. wird gegründet. Es handelt sich hierbei um den ersten Selbsthilfeverein für Onlinesüchtige.[34]

2002: Das Projekt „easy living" läuft an. Ein so genanntes intelligentes Haus soll seinen Bewohnern das Leben erleichtern. Bewegungsmelder schalten Lampen an und aus, elektronische Dachluken lüften automatisch und via Handy kann man von unterwegs den Herd einschalten oder ein Bad einlassen – ein System überwacht den Füllstand. Noch wird das Haus via Handy oder Webpad gesteuert. An einer Sprachsteuerung wird allerdings gearbeitet.[35]

Grundlagen

Dank der technischen Errungenschaft Internet leben wir heute in einer Zeit der raschen Öffnung und Vernetzung der Märkte, des blitzschnellen, weltweiten Datenaustausches und „einer nie da gewesenen Mobilität des Kapitals"[36]. Wie kann man sich das Internet vorstellen? Wir befinden uns nun im Bereich der Organisationstheorie: Nehmen wir mehrere Menschen und betrachten diese als Knoten in einem gedachten Netz und die Beziehungen zwischen ihnen als Fäden, so haben wir einen Graphen, der sich problemlos auf Webseiten übertragen lässt. Sind Knoten in diesem Netz defekt, funktioniert es dennoch weiter. Die Lösung sind

---

[29] www.wikipedia.de
[30] Maresch 2001
[31] ebenda
[32] www.zeit.de/archiv/1999/46/199946.microsoft-histor.xml
[33] Spektrum der Wissenschaft 7/2005, S. 76 ff.
[34] Farke 2003
[35] www.wdr.de/themen/computer
[36] Litaer 1999

besonders große Knotenpunkte, nämlich solche, die mit besonders vielen anderen Knoten verbunden sind. Solche Knotenpunkte im Netz sind zum Beispiel Google oder Ebay.[37]

Hier und heute

Wer das Netz regiert, der regiert die Welt.

Zu den unbeantworteten Fragen der Neuzeit zählt unter anderem das Problem des ungebremsten Wachstums des Internets.[38] Das wohl faszinierendste am Netz war bisher seine Selbstregulierung. Zu keiner Zeit gab es eine Autorität, die genügend Macht besessen hätte, um in die Gestaltung und Organisation des Internets einzugreifen. Mit Ebay, Google, Macromedia und Microsoft begann eine maßgebliche Veränderung.[39] Monopole bilden sich heraus, die in nicht allzu ferner Zukunft beliebig die Softwarepreise bestimmen und Informationen filtern bzw. manipulieren können.

Ein weiterer Aspekt ist die Ungleichheit: nur 20 % der Weltbevölkerung besitzen 80 % der Information.[40] – Dank DSL, Hot Spots und Wireless- Technologie sogar rund um die Uhr. Mittels Bluetooth® können zudem mobile Geräte drahtlos verbunden werden. Die Übertragung der Informationen erfolgt durch ein eingebautes Radiomodul.[41] Zugangsbeschränkungen, Passwörter, Codesysteme und die Möglichkeit der Mitverfolgung von via Satellit geführter Kommunikation weckten mittlerweile auch wieder das militärische Interesse für das Netz.[42]

...und in Zukunft

Während der Direktor des Forschungszentrums an der Freien Universität Bruxelles von Quantencomputern und einer kollektiven Intelligenz vernetzter User träumt, wird unter anderem an der Umsetzung virtueller Universitäten gebastelt.[43]

Die Begriffe von „Virtualität" und „Realität" könnten sich früher oder später verschieben, um schließlich gänzlich ihre Plätze zu tauschen. So sehen Viele bereits eine „virtuelle Megacity" auf die Menschheit zukommen; wearable computing (in Textil eingearbeitete EDV-Technologie) body nets (in die Kleidung integrierte Computernetzwerke) und

---

[37] Spektrum der Wissenschaft 7/2004
[38] Maresch 2001, S. 51
[39] Maresch 2001, S. 140 ff.
[40] Litaer 1999
[41] www.sato-deutschland.de
[42] Maresch 2001
[43] www.kybernetiknet.de

Kommunikationsimplantate mit denen die Benutzer „überall und ständig am Netz hängen, an einem Netz, an das alle Dinge des täglichen Lebens, vom Internethaus über das Internetauto bis hin zu Mülleimer, Kugelschreiber und Kühlschrank angeschlossen sein werden."[44]

Was hat das mit Sozialmedizin zu tun?

Immer mehr Menschen der 1. Welt passen ihren Alltag dem Internet an. Die Zahl der Internet-Süchtigen wird mittlerweile auf über eine Million geschätzt – mit steigender Tendenz. Sex-, Spiel- oder Einkaufssucht können bequem zu Hause vor dem Bildschirm ausgelebt werden, was in den meisten Fällen zu Zwanghaftigkeit, Kontrollverlust, Vereinsamung und Verschuldung führt. Überfüllte Chatrooms speziell für Kinder sind längst keine Rarität mehr. Der privilegierte Mensch entwickelt sich zum sitzenden Menschen. Zudem entsteht bereits jetzt eine neue Kluft zwischen denen, jene die notwendige Ausstattung und Kompetenz aufweisen und jenen, die sich das nicht werden leisten können und somit eine weitere Klasse bilden.[45]

RFID-Technologie

Kommen wir zu den RFID-Transpondern, kurz Tags, die gerade dabei sind, uns unbemerkt zu überrollen:

1949: In den USA wird der erste Strichcode, der Vorläufer der RFID-Technologie, zum Patent angemeldet. Die Nutzung ist, aufgrund des Mangels elektronischer Bauteile, für den Massengebrauch jedoch zu kostspielig und umständlich.[46]

1976: Der EAN-Code für Lebensmittel wird eingeführt. Die Europäische Artikel Nummer setzt sich aus 13 Ziffern zusammen: Dem Länderkennzeichen, der bundeseinheitlichen Betriebsnummer, der Artikelnummer des Herstellers sowie einer Prüfziffer. Nur gering speicherfähig und nicht mehr umzuprogrammieren ist der Strichcode dennoch eine kleine Revolution, die schnell in andere Bereiche der Industrie drängt.[47]

1994: Der SH-Strichcode, wie wir ihn heute alle kennen, ermöglicht die Einbindung von Barcodes in die tägliche Arbeit mit dem PC. Supermarktkassen werden als erste mit

---

[44] www.kybernetiknet.de
[45] Farke 2003
[46] www.druck-und-neue-medien.de
[47] Finkenzeller 2003

entsprechenden Lesegeräten ausgestattet. Sie finden schnell den Weg in die Lagerhaltung und Personenidentifikation, z.B. auf Büchereiausweisen.[48]

Parallel zu dieser Entwicklung sind Haustier-Mikrochip-Identifikations-Systeme auf dem Vormarsch. Das Bio-Implantat wird unter die Haut gespritzt und kann mittels Scanner gelesen werden.

2002: In einem Heim für Demenzkranke in Towson / Baltimore wird der VeriChip in Form eines Anhängers sowie eines Armbands eingeführt. Wenn bestimmte Personen eine Tür durchschreiten, ertönt Alarm und der PC in der Zentrale meldet Name und ID des betreffenden Patienten. Jede Bewegung kann verfolgt, jede Person direkt geortet werden.[49]

2003: Auf einer Messe stellt die japanische Firma Sato mit guter Resonanz den Strichcode für Patienten vor. Dieser wird ums Handgelenk getragen und verringert die Arbeitszeiten des Klinikpersonals. Krankengeschichte, ID, Status sowie Medikamention können nun einfach mit einem Scanner abgelesen werden.[50]

2004: Walmart, Metro und Gillette starten erfolgreich die Testphase von RFID-Transpondern in ihren Produkten. Die Kontrolle der Warenlieferungen wurde bisher manuell vorgenommen; maximal 150 Kleidungsstücke schaffte eine Arbeiterin pro Stunde. Nun können 4000 bis 8000 Pullover, Jacken und Mäntel in der Stunde kontaktlos abgefertigt werden. Und damit sie nicht verloren gehen, sollen die Chips direkt in den Stoff einwebt bzw. in ein bestimmtes Produkt integriert werden.[51]

Zeitgleich erobern biometrische Fingerleser und Irisscanner den Markt.[52]

2005: Ein amerikanisches Pilotprojekt geht in Ohio an den Start. Gefangene werden mit einem RFID-Armband ausgestattet. Im Abstand von zwei Sekunden sendet es Signale an Lesegeräte, die mit dem Zentralcomputer in Verbindung stehen. So kann man jederzeit ermitteln, wo im Block sich welcher der Gefangenen aufhält. Bei dem Versuch der gewaltsamen Entfernung des Bandes, gibt es augenblicklich Alarm.[53]

---

[48] www.druck-und-neue-medien.de
[49] Advance 9/2002
[50] www.sato-deutschland.de
[51] www.netzwelt.de/news/69579-rfid-metro-tesco-und-walmart.html
[52] www.security-online.nl
[53] ebenda

Grundlagen

Radio Frequency Identity – was ist das überhaupt?

Dass jeder unserer Schritte theoretisch über Kreditkarten ermittelt werden kann, wissen wir spätestens seit Tatort. Doch RFID geht noch weiter: es handelt sich hierbei um einen Computerchip, der so klein sein kann wie ein Sandkorn und bereits als weltweiter Standard eingeführt wird. Jeder Chip hat eine ID-Nummer, die mittels Radiostrahlen gelesen wird.[54] Dank RFID-Tags können Menschen, Tiere und Produkte durchnummeriert und Schritt für Schritt überwacht werden.

Mit den Werbeworten der Firma Sato: "Mit den Lösungen von SATO lassen sich Gegenstände schnell und effizient identifizieren, unabhängig davon, ob es sich um Produkte, Komponenten, Aktionen oder Personen handelt. Durch Anbringen eines Barcodes oder RFID-Tags kann direkt und exakt verfolgt werden, welchen Weg ein Gegenstand nimmt."[55]

Hier und heute

VeriChip™, ein RFID-Implantat der Firma Applied Digital erfreut sich bereits wachsender Beliebtheit, besonders bei Jugendlichen. Im Baja Beach Club in Rotterdam sowie in Barcelona dient der Chip, der für 125 Euro unter der Haut versenkt wird, als subkutaner Personalausweis und als Kreditkarte. „Die Träger der Chips lassen sich abscannen, wie Artikel an der Supermarktkasse."[56] Selbstverständlich können diese Chips auch der problemlosen Ortung ihrer Trägerinnen dienen. In Filmen ist der Identitätswechsel längst keine Hürde mehr - wenn das Objekt der Begierde, die Kredit- bzw. Eintrittskarte im Arm steckt, nimmt man halt einfach den Arm mit.

...und in Zukunft

In Zukunft sollen intelligente RFID-Uhren dazu genutzt werden, automatisch an Dinge zu erinnern; Falls man das Haus ohne wichtige Alltagsgegenstände wie Handy, Schlüssel oder Brieftasche verlässt, erfolgt eine Warnung.[57]

Jemand, der unbemerkt einen Chip trägt, etwa eingewebt in ein T-Shirt, ist bezüglich Vorlieben und Kaufverhalten ein gefundenes Fressen für den Supermarkt; der Chip

---

[54] www.bof.nl/rfid
[55] www.sato-deutschland.de
[56] www.3sat.de/3sat.php?http://www.3sat.de/kulturzeit/themen/72322/
[57] ebenda

ermöglicht eine direkte Kontrolle, wann ein Käufer den Laden betritt und wie lange er vor welchem Produkt stehen bleibt. Lesegeräte können problemlos in Türrahmen, Fußmatten oder Regalen verborgen werden.[58]

Überwachung also nicht nur durch den Staat, sondern auch durch Supermärkte?

Waren mit RFID-Transpondern unterliegen keiner Kennzeichnungspflicht. Im Gegenteil wird der stille Einsatz dieser Technik sogar befürwortet. Öffentlich gestartet wird so ein Einsatz erstmals 2006 in einem Großversuch; die Eintrittskarten für die Fußball-WM sind mit RFID-Chips versehen. Die Toleranzschwelle derartige Überwachungstechniken zu unterstützen ist angesichts der Aussicht dem Spektakel beizuwohnen zweifelsohne enorm. Zudem dient der Einsatz dieser Technik „augenscheinlich" der Vorbeugung von Schwarzhandel und keineswegs einer groß angelegten Überwachung.[59] Pro Sekunde können bis zu 200 RFID-Chips gelesen werden.

2007 führen dann die Niederlande den RFID-Chip zur Identifizierung ihrer Bürger im Personalausweis ein.[60]

Was ist mit uns? Stichwort: Biometrische Erfassung – die Identifikation durch Vermessung von Lebewesen aufgrund biologischer Unterschiede (Fingerscan, Handgeometrie, Retina-Erkennung und Iris-Abtastung). Das Fingerprint-Lesegerät wird entsprechend der EU-Verordnung zur europaweiten Einführung von biometrischen Reisepässen ab 2008 zu unserem Alltag gehören.[61]

Was hat das mit Sozialmedizin zu tun?

Mittels RFID wird es möglich die Klassifizierung der Menschen nach finanziellen Gesichtspunkten zu optimieren sowie verdächtige Individuen auf Schritt und Tritt zu überwachen. Noch ein Werkzeug vollautomatisierter Marktforschung, könnte der RFID-Chip zukünftig die Kreditsolvenz direkt beim Betreten eines Supermarktes überprüfen, um unliebsame Gäste zu vermeiden. Die Folge sind Ausschluss aus der Gesellschaft sowie den damit einhergehenden Identitätsverlust.

Flächendeckende Überwachung mit direkten Interventionsmöglichkeiten der Überwacher führen zu Anpassung an herrschende Normen, zu Depressionen und zu berechtigten Ängsten bis hin zur Paranoia.

---

[58] ebenda
[59] www.heise.de/newsticker/meldung/43645
[60] www.bof.nl
[61] www.heise.de/ct/05/11/094

Bekleidungstechnik

Biegen wir an dieser Stelle ab auf den Zweig der Bekleidungstechnik. In der Ära von Nano-, Gen- und Informationstechnologie steht die Geschichte der Bekleidung vor einem entscheidenden Strukturwandel.

Begeben wir uns zurück in die **Bronzezeit**: Der Mensch bekleidet sich zum Schutze vor Witterungseinflüssen und Verletzungen mit Tierfellen.[62] Zur Absicherung gegen die damals gebräuchlichen Nah- und Fernkampfwaffen, wie Speer, Bogen oder Messer entstehen zudem erste Plattenpanzer und Helme.[63]

Jungsteinzeit: Die älteste Maschine der Menschheit wird erfunden; der Webstuhl.[64]

13. Jhd.: Zum Schutze vor den immer ausgereifteren Waffen entwickelt man die Ritterrüstung.[65]

1785: Edmond Cartwright erfindet den vollmechanisierten Webstuhl mit dem Namen Power Loom. Diese Technik vernichtet eine Vielzahl von Arbeitsplätzen.[66]

1833: Giovanni Aldini erfindet den Schutzanzug für Feuerwehrleute; Er besteht aus feinmaschigem Metallgewebe mit einer Innenschicht aus Asbest.[67]

Wir machen einen Sprung in die 30-er Jahre: DuPont erfindet Neopren, Nylon und das Fluorpolymer Teflon.[68] Aus Nylon werden lange vor den Strumpfhosen Fallschirme, Zelte und Seile für die US-Armee gefertigt.

1965: DuPont entwickelt die Aramidfaser. Unter dem Markennamen Kevlar wird sie zur Marktreife gebracht und dient der Herstellung von kugelsicheren Westen, Schutzhelmen und - Handschuhen.[69]

1971: Der Orlan M, eine Weiterentwicklung des Raumanzuges geht an den Start. Der Anzug hält Temperaturen bis -280 Grad Celsius stand und schützt vor gefährlichen Röntgen-, Infrarot-, kosmischer wie ultravioletter Strahlung. In das Material sind dünne Schläuche und Kabel eingearbeitet, durch die kühlendes Wasser fließt. Insgesamt besteht der Anzug aus 13 Schichten.[70]

1995: An der Universität von Oregon startet eine Projektphase für Wearable Computing und Wearable Communities. Tragbare Computer sollen nicht nur mit dem Träger selbst

---

[62] Wisniewski 1996
[63] www.wikipedia.de
[64] ebenda
[65] ebenda
[66] ebenda
[67] Österreichische Nationalbibliothek
[68] www.dupont.com
[69] www.wikipedia.de
[70] www.space-travellers.de

kommunizieren, sondern auch mit den Computern, die in die Bekleidung anderer User eingebaut sind.[71]

1996: Das US-Militär gibt „smart sensor textiles", so genannte e-Textiles in Auftrag. Diese Verbindung von Elektronik und Textilien soll es ermöglichen, Daten aus Akustik, Optik und Berührung aufzunehmen und zu verarbeiten.[72]

2000: Die ersten Smart Clothes gehen in den Handel. Philips lässt ein Handy sowie einen MP3-Player mit einem Wust an Drähten, Sensoren und Spracherkennungsmodulen von Levis zu Kleidung verarbeiten. Noch mangelt es der Kleidung an GPS-Kompatibilität.[73]

2001: Der 3D-Body Scan ermöglicht die exakte Vermessung des menschlichen Körpers zu medizinischen und bekleidungstechnischen Zwecken. Er soll gänzlich strahlungsarm sein. Am 4D-Scan wird noch gearbeitet.[74]

2002: Glasfasern werden in Stoffen verarbeitet. Es ist der erste Schritt vom statischen hin zum bewegten Design und der Benutzeroberfläche Textil. Animationen auf der Bekleidung sind greifbar.[75]

2004: BAE Systems prüfen in Druckluftkammern einen Raumanzug für den Mars aus hochelastischem Material. Er gleicht einem Ganzkörper-Kompressionsstrumpf und ermöglicht ein Maximum an Leichtigkeit und Bewegungsfreiheit. Zudem soll der Anzug Puls, Atmung, Temperatur sowie Bewegungsabläufe überprüfen und ein Elektrokardiogramm erstellen.[76]

2005: Ein Taucheranzug aus piezoelektrischem Material wird erprobt. Bei schneller Bewegung lädt er sich elektrisch auf und erzeugt ein Spannungsfeld, das Angreifern einen elektrischen Schlag versetzt.[77]

Grundlagen

Betreten wir kurz den Bereich der Bionik, der aus der Textilindustrie kaum mehr wegzudenken ist. In dieser Disziplin, der wir unter anderem den Klettverschluss verdanken, versucht man natürliche Eigenschaften von Lebewesen und Oberflächen zu imitieren und industriell zu nutzen. Bionik ist die verknüpfende Wissenschaft von Biologie und Technik. An der Universität Bonn gelang es zum Beispiel vor einigen Jahren die selbstreinigende,

---

[71] www.heise.de
[72] www.uni-stuttgart.de/igma/05_iTextil
[73] www.heise.de
[74] www.medizin.uni-tuebingen.de/sportmedizin
[75] www.fashion-technics.com
[76] www.heise.de
[77] www.wissenschaft.de/wissen/news/257760.html

wachsartige Oberfläche der Lotusblätter nachzubauen, an der Wasser und Schmutz einfach abperlen.[78]

Hier und Heute

Der herkömmliche Bekleidungsmarkt ist ausgeschöpft, die Textilproduktion nach Fernost ausgelagert – was man braucht ist Innovation. Textilingenieure und Designer beraten sich zunehmend mit Mikro-Systemtechnikern, Sensor- und Transponder-Spezialisten, Medizinern und Pharmazeuten. Das Spektrum der neuen Produkte reicht von Well-Being, Gesundheitserhaltung, über Überwachung, Rehabilitation und Prävention bis hin zu Personenschutz und Kommunikation.[79]

Neuerungen, wie E-Textiles, Smart Clothes, Wearable Computing und medizinische Kleidung, die ursprünglich für militärische Zwecke und in der Weltraumforschung eingesetzt wurden, bereiten den Weg zur Hightech-Industrie. Noch preislich unerreichbar, arbeiten Riesenkonzerne wie Adidas, Phillips, oder Infineon an einer Umsetzung für den Massenmarkt.[80] Das Bundesamt für Strahlenschutz und die Ludwig-Maximilian-Universität untersuchen währenddessen in einer dreijährigen Studie den Zusammenhang von Handy-Strahlung und Genschäden wie etwa Krebs oder Unfruchtbarkeit.[81]

Spezialtextilien für Neurodermitiker gibt es bereits in verschiedensten Varianten im Handel, unter anderem eine Mikrofaser mit Silberbeschichtung, die zudem antibakterielle Effekte aufweist.[82] Auf dem Markt ist ferner eine neue Generation von Beach-Wear. In die Faser eingebaute Mikropigmente, die auch in Sonnencreme Verwendung finden, sowie auf die Kleidung aufgetragene UV-Absorber schützen zuverlässig vor Sonnenbrand.[83] Die Firma Sanitized bietet zudem seit einigen Jahren Sportler-Kleidung mit so genannter antibakterieller Ausrüstung. Ein eingebautes Deo hält Schweißbakterien, Pilze und Staubmilben fern; vor dem hierzu verwendeten Chemieprodukt Triclosan wird allerdings gewarnt.[84] Selbstverständlich gibt es Bettwäsche, die bestimmte Duftstoffe absondert ebenso wie dreidimensionale Gewebe, die sich der Körperform ideal anpassen und solche, die Elektrosmog absorbieren oder mittels eingebauter Nanoheizung die Klimatisierung regeln.[85]

---

[78] Baumann 2000
[79] www.fashion-technics.com
[80] ebenda
[81] Die Welt 29.6.2004
[82] Bayrischer Rundfunk 2004; www.br-online.de/umwelt-gesundheit
[83] Bundesministerium für Forschung und Bildung 2000
[84] Greenpeace Magazin 3/2004, S.46 ff.
[85] Baumann 2000

...und in Zukunft

Am Textil-Institut Hohenstein in Baden-Württemberg testet man derweil die Möglichkeit Textilien mit anderen heilenden Substanzen wie Pharmaka oder Vitaminpräparaten auszustatten. Über in den Stoff eingebaute Zuckermoleküle oder Mikrokapseln soll die Medizin entsprechend dosiert an die Patientinnen abgeben werden.[86]

Intelligente Bekleidung ist der letzte Schritt vor dem implantierten Prozessor. Der Mensch soll zukünftig überall und kontinuierlich kommunizieren können, Informationen aus internationalen Datenbanken abrufen sowie von unterwegs nachschauen können, wie es um seinen Kühlschrankinhalt steht. Die Kleidung wird nicht nur Alarm schlagen, wenn jemand sie unbefugt an sich nimmt, der Besitzer fällt, beim Verlassen des Hauses wichtige Dinge vergisst oder die Brieftasche geklaut wird, sondern zudem Umgebungsfaktoren erfassen, Blutdruck, Temperatur, Herzschlag sowie Standort überwachen und entsprechende Routen vorschlagen. Große Markenhersteller wie Epson, Samsonite und Levis arbeiten seit nunmehr fünf Jahren an dem entsprechenden Stoffflächennetzwerk, in dem alle Komponenten miteinander in Verbindung stehen.[87]

Beim Militär wird zudem fieberhaft in Sachen Kampfanzüge geforscht. Sie sollen im Notfall Injektionen verabreichen, S.O.S. senden, Blutungen abpressen und sich der entsprechenden Umgebung farblich anpassen.[88]

Zu erwähnen wären hier noch die Exoskelette, eine Militärtechnik aus dem Land Warrior Project, die demnächst alten Menschen und Gehbehinderten computergesteuert die Treppe hinauf helfen soll.[89] 2004 kamen die ersten Exoskelette auf den Markt. Ziel der japanischen Firma Mitsui ist die Massenproduktion zum Stückpreis von umgerechnet 7.700 Euro.[90]

Was hat das mit Sozialmedizin zu tun?

Auch hier haben wir es mit der Gefahr ständiger Überwachung dank ständiger Vernetzung zu tun. Ebenso begegnen wir dem Faktor der Ungleichheit. Denn werden nicht zwei Drittel der Weltbevölkerung von dieser Kommunikation ausgeschlossen? Darüber hinaus belegen verschiedene ungarische wie israelische Universitäts-Studien die genschädigende Wirkung durch kontinuierliche Handynutzung.

---

[86] Bayrischer Rundfunk 2004; www.br-online.de/umwelt-gesundheit
[87] E-Business 8/2001, S.102 f.; www.plugged.de
[88] www.archives.arte-tv.com; www.heise.de
[89] Apotheken Umschau 2005, S.60
[90] www.futurezone.orf.at/futurezone.orf?read=detail&id=179969&tmp=25769

Biotechnik

Die Jagd nach dem ewigen Leben und der Unsterblichkeit führt uns in das Gebiet der Biotechnik. Aufgrund des gewaltigen Umfanges dieses Themas werde ich auf eine komplizierte medizinische Darstellung verzichten und eine Annäherung mit Äpfeln und Birnen versuchen:

1865: Die Versuche des Augustinermönches Gregor Mendel bilden die Grundlage der experimentellen Genetik.[91]

1869: Johann Friedrich Miescher entdeckt die Nukleinsäuren.[92]

1888: Wilhelm von Waldeyer macht die Entdeckung der Chromosomen.[93]

1930: Durch die Teilung eines Molch-Embryos im Achtzellstadium werden die ersten Klone von Tieren erzeugt.[94]

1944: Die DNA wird als Träger der genetischen Information erkannt.

1958: Es gelingt die Zucht geschlechtsreifer Frösche aus der Verschmelzung entkernter Eizellen mit Zellkernen aus Froschembryonen.[95]

1976: Die Pränataldiagnostik wird in den Leistungskatalog der gesetzlichen Krankenversicherungen aufgenommen, um dem Leben erbgeschädigter Föten frühzeitig ein Ende zu setzen. Anfänglich auf bestimmte Diagnosen und Risikoschwangerschaften begrenzt, wird die PND schnell zur Routine.[96]

1980: Mithilfe eines Bakteriums gelingt das Einbringen von genetischem Material in Zellkulturen. Die so genannte grüne Gentechnologie ist geboren.[97]

Im gleichen Jahr erhält der US-Mikrobiologe Ananda Chakrabarty ein Patent auf Öl fressende Bakterien. Es handelt sich hierbei um den Präzedenzfall im Bereich der Patentierbarkeit von Leben.[98]

1982: In den USA wird in Bakterien hergestelltes Humaninsulin als erstes gentechnisches Arzneimittel zugelassen.

1986: Mary Beth Whitehead aus England geht als erste künstlich befruchtete Leihmutter in die Geschichte ein. Sie verliert einen Prozess und muss das Kind abgeben.[99]

1987: Die Harvard-Krebs-Maus wird patentiert.[100]

---

[91] Brockhaus 2000, S.392
[92] Psyrembel 1993
[93] Psyrembel 1993
[94] GID 6/2002, S.4 ff.
[95] GID 6/2002, S.4 ff.
[96] GID 8/2003, S.36 ff.
[97] Cernaj 1997
[98] www.gen-ethisches-netzwerk.de
[99] Cernaj 1997, S.34

1989: Die EG-Kommission verbietet das künstliche Monsanto-Rinderhormon BST. Durch Verabreichung konnte die Milchproduktion der Kühe bis zu zwölf Prozent gesteigert werden. Der US-Pharmakonzern wirbt daraufhin in der Dritten Welt für sein Produkt.[101]

1990: Genetisch manipulierte Petunien werden vom Max-Planck-Institut in Köln freigesetzt.[102] Es ist die erste Freisetzung in Deutschland.[103]

1992: Ein Schaf macht Furore. Tracy ist die erste ihrer Art, die, mit einem menschlichen Gen ausgestattet, wertvolle Eiweißmoleküle für die Medizin liefert.[104]

1996: Das Klonschaf Dolly verdrängt Popstars und Politiker aus den Schlagzeilen. Dolly entstammt der Euterzelle eines sechsjährigen Schafes und altert frühzeitig. [105]

1997: Ein europäisches Gesetz untersagt die Produktion menschlicher Embryonen zu Forschungszwecken.[106]

2000: Das Patent EP 322240 der Universität Stanford rückt in das Gesichtsfeld der Öffentlichkeit. Es patentiert Tiere, in die menschliche Zellen oder Organe verpflanzt wurden. Das wohl berühmteste Exemplar dieser Eingriffe ist eine Maus, der ein menschliches Ohr auf den Rücken verpflanzt wurde.[107]

2001: Das britische Parlament gibt den Weg für das therapeutische Klonen, sprich das Klonen zu Forschungszwecken frei.[108]

2002: Die Firma Advanced Cell Technology behauptet die ersten menschlichen Embryonen für die Stammzellenforschung geklont zu haben.[109]

Ein neues Deutsches Gesetz verbietet die Herstellung von Stammzellen, erlaubt jedoch den Import.[110]

2003: Das Konsortium des Human-Genom-Projekts erklärt den Bauplan des Menschen, nach nunmehr 13-jähriger Forschung als vollständig entziffert.[111]

Der GloFish der Firma Yorktown Technologies drängt für 5 Dollar das Stück auf den Markt. Dem Zebrafisch wurde das Gen einer See-Koralle eingesetzt, so dass er unter ultraviolettem Licht fluoresziert.[112]

---

[100] www.gen-ethisches-netzwerk.de
[101] Unterrichtsmaterialien Gentechnologie 1992
[102] www.gen-ethisches-netzwerk.de
[103] Cernaj 1997
[104] Cernaj 1997, S. 113
[105] Wilmut 2001
[106] www.gen-ethisches-netzwerk.de
[107] www.wissenschaft.de
[108] www.gen-ethisches-netzwerk.de
[109] Spektrum der Wissenschaft 1/2002, S. 12
[110] GID 6/2002, S.4 ff.
[111] Spektrum der Wissenschaft 7/2004, S. 86
[112] www.gen-ethisches-netzwerk.de

2004: Groß-Britannien: Mittels künstlicher Befruchtung und Präimplantationsdiagnostik dürfen die Eltern eines blutkranken Kindes einen Embryo zeugen, dessen Gewebeeigenschaften denen des Bruders ähnlich sind. – Ein Rohstofflieferant, aus dessen Nabelschnur die Stammzellen für eine Knochenmarkstherapie gewonnen werden sollen.[113]

2005: Forscher an der Universität in Buenos Aires integrieren ein menschliches Wachstumshormon in Rinderzellen und klonen daraus eine Kuh. Pro Liter Milch produziert sie fünf Gramm des Wachstumshormons.[114]

Grundlagen

„Man kann nicht jemandem ein Raumschiff geben und ihm sagen, er solle damit nur auf der Startbahn herumfahren, und von Missbrauch sprechen, wenn er dann doch in den Weltraum starten will."[115]

Wie entsteht eigentlich ein Klon?

Sehen wir uns den Fall Dolly genauer an: Jede ausgewachsene Körperzelle verfügt über die komplette genetische Erbinformation. Der Euterzelle eines Schafes wurde der Zellkern mit eben jener Information entnommen und in die zuvor ausgeleerte Eizelle eines zweiten Schafes eingebracht. Mittels einer Miniaturelektrode wurde der Zellkern zum Leben erweckt, leitete die Teilung ein und entwickelte sich zu einem lebensfähigen Embryo, der nun einem Leihmutterschaf eingepflanzt werden konnte. 150 Tage später kam Dolly vaterlos, dafür aber als Lamm dreier Mütter auf die Welt. Zum Zeugen von Dolly benötigte man 277 Embryonen.[116]

Therapeutisches Klonen – was bedeutet das?

Beim therapeutischen Klonen geht es nicht um die Reproduktion eines Gesamtorganismus, sondern um die Produktion von Ersatzteilen mit genetisch identischem Erbgut. Hierzu entnimmt man, ähnlich wie im Fall Dolly, den Kern einer beliebigen Körperzelle des Patienten und bringt diesen in eine „leere" Eizelle ein, die nach der Zellteilung jedoch nicht implantiert wird. Aus den nun durch Teilung entstehenden Blastozyten werden die Stammzellen zur Züchtung eines beliebigen Organs für Transplantationszwecke gewonnen.

---

[113] www-gen-ethisches-netzwerk.de
[114] www-gen-ethisches-netzwerk.de
[115] Michael Wunder; Mitglied in der Enquêtekommission "Recht und Ethik der modernen Medizin"
[116] Cernaj 1997, S. 25 ff.

Diese multipotenten, embryonalen Stammzellen können sich zu jedem Zelltyp eines erwachsenen Organismus entwickeln, da sie noch nicht spezialisiert sind.[117]

Bei der Gewinnung von Stammzellen werden die Embryonen zerstört.[118]

Hier und Heute

Noch ist das Klonen von Säugetieren mit einer Reihe medizinischer Risiken verbunden. In den USA wurde nun der Bericht "Wissenschaftliche und medizinische Aspekte des menschlichen reproduktiven Klonens" des Nationalen Forschungsrates vorgelegt, in dem die häufigsten Defekte bei Klonsäugern dokumentiert werden; Fehlbildungen der inneren Organe, Herz-Kreislauf-Erkrankungen sowie Fehlfunktionen des Immunsystems. Einige Tiere altern schneller, andere langsamer. Als Risiken und Krankheiten für die Muttertiere sind unter anderem späte Fehlgeburten, erhöhte Sterblichkeitsrate, übergroßes Anwachsen der Föten im Mutterleib, sowie Flüssigkeitsansammlungen in der Gebärmutter aufgelistet. Vom Klonen von Menschen zum jetzigen Zeitpunkt wird dringend abgeraten.[119]

Ist das Klonen von Lebewesen, speziell von Menschen noch im Experimentierstadium, so greift die Biotechnik, wenn auch unbemerkt bereits in unser aller Leben ein:

Kaum ein Verbraucher in Deutschland befürwortet gentechnisch manipulierte Nahrungsmittel und doch sind genveränderte Produkte wie Mais, Weizen, Soja, Wein, Käse, Bier, Papaya etc. auf dem Vormarsch.[120] Kennzeichnungslücken finden sich zum Beispiel beim Tierfutter; etwa 80 Prozent aller Gen-Pflanzen landen im Tiermagen.[121]

Gerne wird von Befürwortern der Gentechnik angeführt, man könne mittels dieser Technik den Hunger in der dritten Welt besiegen und die medizinische Versorgung aller gewährleisten - was ist dran an diesem Argument?

2004 beklagt das Ergebnis der Studie „Inventing a better future" des Internal Academy Council, dass gerade die Menschen im Trikont noch immer leer ausgehen, denn im Vordergrund steht der Profit.[122] Ärzte ohne Grenzen weisen darauf hin, dass fertig geprüfte Medikamente gegen weit verbreitete Krankheiten vom Markt genommen würden, wenn sie nicht lukrativ vermarktet werden können, so unter anderem ein wirksames Mittel gegen die

---

[117] Spektrum der Wissenschaft 4/2004, S.14 ff.
[118] Cernaj 1997
[119] GID 6/2002, S.4 ff.
[120] www.gen-ethisches-netzwerk.de
[121] www.greenpeace.de/gentechnik/tierfutter
[122] IAC 2004

Schlafkrankheit.[123] Viele Menschen des Trikonts leben in so genannten Hunger-Gebieten, in denen Überschüsse produziert werden. Die reichhaltigen, teils genetisch veränderten Nahrungsmittel, wie etwa „Goldener Reis", die dort für den Export angebaut werden, können sie sich selbst nicht leisten. Die Nahrungsmitteldefizite sind kein Mengen-, sondern ein Verteilungsproblem.[124] Dem nicht genug, gibt es bereits gentechnisch manipulierte europäische Pflanzen, aus denen typische Tropenprodukte, wie etwa Zucker kostengünstiger und energiesparender gewonnen werden können.[125]

Ein weiteres Problem sind die zunehmende Patentierung von Saatgut sowie die Unmöglichkeit Freilandversuche zu kontrollieren. Seit einigen Jahren pflanzen zum Beispiel Brasilianische Farmer illegal Roundup-Ready-Sojabohnen von Monsanto an, die dem Spritzmittel Glyphosat standhalten und aus Argentinien eingeschmuggelt werden. Greenpeace stellt fest, dass der Glyphosat-Einsatz pro Hektar allein in Argentinien seit 1996 um 58 Prozent gestiegen ist.[126] Konzentrationen, die weit über dem Grenzwert liegen, wurden zudem in Dänemark gemessen. Weitere ungewollte Nebenwirkungen sind resistente Schädlinge wie resistentes Unkraut und eine veränderte, aktive DNS der manipulierten Produkte.[127]

2005 starben einem Landwirt aus Wölfersheim fünf Kühe, nachdem er sie acht Jahre mit gentechnisch verändertem Mais der Schweizer Firma Syngenta gefüttert hatte. Der Mais produzierte ein Insektizid gegen Fressfeinde.[128]

Das Deutsche Gentechnikgesetz § 17a zur Vertraulichkeit von Angaben erlaubt es einem Antragsteller, "Angaben, die ein Betriebs- oder Geschäftsgeheimnis darstellen (...) als vertraulich zu kennzeichnen."[129] Mehr als zwei Drittel der weltweit genehmigten Tests tragen die Bemerkung „Geheime Firmeninformation."[130]

Um der Umgehung von Patentrechten einen Riegel vorzuschieben, kämpft das US-Unternehmen Delta & Pine Land seit einigen Jahren um die Erlaubnis zur Vermarktung von sterilem Saatgut. Das GenTech-Saatgut keimt nur einmal aus und muss daher jedes Jahr neu erworben werden. Ein Anstieg der Armut, Schulden und Abhängigkeit wären die Folgen. Auskreuzungen könnten ferner zum Aussterben von Arten führen.[131]

Inzwischen gibt es unter anderem Blumen, die nicht mehr welken, Fisch, der bis zu sechsmal schneller wächst, als seine natürlichen Artgenossen, Reis, der die Insulin-Produktion anregt,

---

[123] Pharmazeutische Zeitung 2002
[124] Novo 2001, S. 54 f.
[125] Spangenberg 2002
[126] www-greenpeace.de
[127] www.gen-ethisches-netzwerk.de
[128] Spiegel 2/2004
[129] Deutsches Gentechnikgesetz § 17a
[130] www.gen-ethisches-netzwerk.de
[131] GID 10/2001

bekömmlicheren Alkohol, Kartoffeln, die einen Hepatitis-B-Impfstoff enthalten, feuerfeste, schnellwachsende Bäume, pilzresistenten Weizen sowie Tomaten, die Farbstoffe[132] und Gen-Tiere, die Eiweiß für Arzneimittel produzieren.[133]

...und in Zukunft

Was brauchen wir noch? Schokolade, die Herz und Kreislauf schont; fettige Fritten, die nicht dick machen, maßgeschneiderte Nahrung für Kinder, Alte, Kranke und Sportlerinnen, Kartoffeln die Süßstoff bilden und entkoffeinierter Kaffee direkt vom Strauch – alles in Arbeit. Ein weiterer Trend sind heilende Lebensmittel, so genannte Nutrazeutika, sprich funktionale, medizinische und ergänzende Nährmittel. Wirtschaftlich interessante Medikamente und Impfstoffe sollen direkt von den Pflanzen selbst erzeugt werden.[134]

Das Leitbild der neuen Biomedizin ist das "genetic enhancement engineering", sprich die genetische Verbesserung des Menschen. Ebenso wie seine Lebensmittel, soll der Mensch zukünftig gesünder sowie stabiler und zudem glücksfähiger werden. Ferner wird man bald vielleicht auf Frauen und Muttertiere in der Fortpflanzungs-Technik ganz verzichten können. In Japan arbeitet man bereits an einem künstlichen Uterus.[135] Die öffentliche Akzeptanz zur Selektion unwillkommenen Lebens mittels Pränataldiagnostik steigt. Laut Kritikern könnte es zukünftig als unmoralisch gelten, die Geburt von Kindern mit genetischen Abweichungen zuzulassen. Ein preiswerter DNA-Chip wird etwaige Störungen frühzeitig erkennen helfen. Die aktive Manipulation des Menschen ist nur noch ein kleiner Schritt.[136]

Doch nicht nur dem Ungeborenen wird zu Leibe gerückt. In regelmäßigen Abständen drängen Unternehmen auf die Einführung des DNA-Tests. DNA-Analysen in der Verbrechensbekämpfung, Vaterschaftstests und Unwissenheit schaffen allmählich eine breite Zustimmung in der Öffentlichkeit.

Was hat das mit Sozialmedizin zu tun?

Die Unterscheidung nach werten und unwerten Leben verlässt den Bereich der Pränataldiagnostik und dringt in unseren Alltagsbereich vor. Es sind in Zukunft tatsächlich innere Werte an denen der Mensch gemessen werden soll. Lokalisierte „schlechte" Gene –

---

[132] www.gen-ethisches-netzwerk.de
[133] http://www.uni-ulm.de/LiLL/3.0/D/fohu/dna/transgen.htm
[134] GID 12/2002, S.3
[135] http://www.uni-ulm.de/LiLL/3.0/D/fohu/dna/transgen.htm
[136] www.gen-ethisches-netzwerk.de

das Phänomen des „Noch-Nicht-Kranken" - könnten zukünftig nicht nur hinderlich für Beziehungen sein, sondern auch zum gesellschaftlichen Ausschluss von Betroffenen führen. Bei dieser Form der technischen Prophezeiung darf man zudem nicht vergessen, dass wirklich wird, was der Mensch als Wirklichkeit anerkennt.[137]

Die Nachteile, die sich aus der genetischen Veränderung unserer Nahrungsmittel und unserer Umwelt ergeben sind in ihrer Gänze bisher nicht abzusehen. Sicher ist, dass wir es mit neuen Krankheitsbildern sowie nicht behebbaren Selbstläufern zu tun bekommen.

Kryo-Technik

Natürlich gehört in diesen Strang auch die Kryo-Technik. Dazu zählen die Kryo-Chirurgie sowie die Konservierung von Organen oder Lebewesen in flüssigem Stickstoff bei Temperaturen bis zu $-196°$ Celsius.[138]

Hier und Heute

Kryo kommt aus dem Altgriechischen und bedeutet Frost.[139] Das Einsatzgebiet der Kryo-Chirurgie reicht von der Warzenentfernung bis hin zur Behandlung von Metastasen.[140] Da krankes Gewebe gegenüber Kälte wenig Toleranz aufweist, können mittels flüssigen Stickstoffs unter anderem Tumorzellen abgetötet werden. Bei kleinen operativen Eingriffen dient die kryotechnische Anwendung der Minimierung von Schmerzen und Blutungen.

Samenbanken sind mittlerweile allen ein Begriff. Auch Frauen können in jungen Jahren Eizellen hinterlegen, falls es zum Beispiel zu unvorhergesehener Unfruchtbarkeit kommt. In den USA waren zudem bis zum Jahre 2003 bereits an die 400.000 menschliche Embryonen eingefroren, die meisten von ihnen zu Fortpflanzungszwecken.[141]

Im Jahre 2003 wurde auch die erste europäische Kryoforschungsbank im Saarland eröffnet. Es handelt sich hierbei um ein Depot, in dem "einzigartige Zellsammlungen aus den verschiedenen Bereichen der Biowissenschaften" angelegt werden. Hierzu installierte man auf etwa 1200 Quadratmetern Kryolagertanks mit einem Nettovolumen von jeweils bis zu 1400

---

[137] Watzlawick 2002
[138] www.wikipedia.de
[139] ebenda
[140] www.klinik.uni-mainz.de/Allgemchir
[141] www.gen-ethisches-netzwerk.de

Litern. Die Proben sollen der Industrie und Forschung zugänglich sein und über Jahrzehnte hinweg gelagert werden.[142]

Kryo-Material findet sich zudem im Internet: Über die Webseite vom MIT gelangt man zum Mouse Genom Project des College of Medicine, welches eine breite Palette eingefrorener Samenzellen und Organe von Mausmutanten anbietet. Dort gibt es, im Namen der Forschung solche mit Überfettung, Gleichgewichtsstörungen, lethargische- und Minimäuse.[143]

Und last but not least ist Rettung in Sicht, für jene, die im Hier und Jetzt nicht mehr zu retten sind, aber den nötigen Geldbeutel mitbringen. Wir kennen auch diese Option aus Science-Fiction-Filmen und Comics:

Filmeinlage: Futurama

An dieser Stelle folgt ein kurzer DVD-Beitrag.

Bereits 1967 wurde der erste Mensch in Kalifornien eingefroren. Bis zum Jahre 2002 folgten 59 weitere. Zwanzig von ihnen wurden frühzeitig beerdigt, da die Tiefkühlfirmen Konkurs anmeldeten und es bisher nicht möglich ist, die aufgetauten Körper zum Leben zu erwecken.[144]

Für nur 28.000 Dollar bietet die US-Firma Cryonics Incorporated diesen Service Schwerkranken und reichen Menschen an.[145] In Deutschland ist es nicht erlaubt, Tote an anderen Orten als auf dem Friedhof aufzubewahren, was dieser Technik hierzulande bislang einen Riegel vorschob.[146]

Auf der Webseite des Cryonics Institute Germany e.V. lernen wir Folgendes:

„Grundsätzlich kennt die Kryonik im Einsatz für den Menschen zwei Hauptverfahrensweisen:

- ☠ die so genannte Neurokonservierung, bei der nur der Kopf bzw. das Gehirn eingefroren wird und
- ☠ die Ganzkörperkonservierung

Der eingetragene Verein CRYONICS erarbeitet derzeit ein Konzept auf Grundlage der ersten Möglichkeit in modifizierter Form; aus verschiedenen Gründen:

---

[142] www.gen-ethisches-netzwerk.de
[143] web.mit.edu
[144] Geo 8/2004, S.163
[145] www.cryonics.org
[146] www.wikipedia.de

🕱 Zum einen ist die Ganzkörpervariante erheblich aufwendiger und somit auch teurer, da der gesamte Körper auf dem Kopf stehend für lange Zeit in flüssigem Stickstoff aufbewahrt werden muss.

🕱 Zum anderen zeigt uns die moderne Wissenschaft heute schon den Weg, eines Tages nur aus der DNS (Desoxyribonukleinsäure) einer Zelle einen völlig neuen Körper zu generieren, so daß auf den derzeitigen, eventuell schon alten und/oder kranken Körper verzichtet werden kann. Erfolgreiche Experimente mit Tieren haben die Thesen sowohl der Kryonik als auch des Klonens untermauert."[147]

An dieser Stelle schließt sich der Kreis und vielleicht winkt den Designerbabys der Zukunft tatsächlich das ewige Leben dank dem uneingeschränkten Zugriff auf eingefrorene Ersatzteile und Gentherapien.

Persönliches Statement

„Alles fließt. Alles ist einem beständigen Wandel unterzogen."[148]

Der Vollständigkeit halber möchte ich noch den Bereich der Waffen-Technologie erwähnen, die durch die Möglichkeit der Patentierung von Viren, der gezielten Manipulierung durch Aerosole und eben jener bereits angeführten Disziplinen zu neuen Höchstleistungen anläuft.

Wir begegnen einer weltweiten Neugestaltung, die niemand genau voraus sehen kann, deren Entwicklung allerdings seit Jahrzehnten angelaufen ist.

Die Technik selbst ist interessant und faszinierend – eine etwaige Bedrohung kommt nicht von ihr, sondern von jenen, die die Macht besitzen, sie zu missbrauchen.

Die Vorbereitungen für einen Überwachungsstaat und die Verbesserung des menschlichen Organismus sowie seiner Gesamtumgebung sind abgeschlossen. Die Akzeptanz hierfür wächst aufgrund von Desinformation, einem Mangel an Interesse und der Hervorhebung des Nutzens in den Medien.[149] Auch Hollywood schafft eine positive Akzeptanz für Zukunftstechnologie – Filme über den Missbrauch dieser Technik haben selbstverständlich ein Happy End.

Das Propaganda-Konstrukt „Terrorismus" dient der Durchsetzung von wirtschaftlichen Interessen wie jeder Krieg – der Etablierung neuer Technologien und der Aufweichung von Hindernissen in Form von Vorschriften. Interessant ist an diesem Punkt, dass auch Gruppen

---

[147] www.cryonics.de
[148] Heraklit; Woods, S.56
[149] GID 8/2005, S.24 ff.

wie Greenpeace oder Friends of the Earth von den Sprechern großer Konzerne öffentlich als „Terroristen" bezeichnet werden.[150]

Dass Firmenoberhäupter als Forschungsminister in der US-Politik oder als Vorsitzende in entscheidenden Gremien sitzen, große Unternehmen Wahlkämpfe finanzieren sowie gut zahlende Kunden der Medien sind, nur am Rande. Die Welt ist aufgeteilt, die Meinung der Konsumentinnen nunmehr belanglos.

Vielleicht – so kann man denken – wird alles gut gehen: Der Hunger aller wird gestillt werden, eine jede wird medizinisch versorgt und bekommt freien Zugang zu einem Menschenrecht – der Bildung. Wir fliegen in umweltfreundlichen Raumautos, pflücken unsere belegten Brote von den Bäumen, heilen uns dank eingepflanzter Nano-Wächter sozusagen selbständig, während wir durch Implantate gelernt haben die Gefühle der Anderen besser zu verstehen. Aerosole sorgen für tolle Stimmung und wir leben in Frieden und Glückseligkeit.

Doch machen wir uns nichts vor. Es geht den Konzernen nicht um die Befriedigung gesellschaftlicher Bedürfnisse, sondern, wie so oft, um Kapitalpotentierung. Im Gegenteil bietet die Klassengesellschaft mit ihrer zunehmenden Konkurrenz sogar Chancen zur Maximierung der Verkaufszahlen; etwa durch Propagierung des Individualismus bis hin zur totalen Spaltung. Erinnert euch an den Samsung-Slogan: „Neid garantiert". Nach Marx ist es „nicht das Bewusstsein der Menschen, das ihr Sein, sondern umgekehrt ihr gesellschaftliches Sein, das ihr Bewusstsein bestimmt". Die Werbung als Form autoritärer Erziehung ist in diesem Zusammenhang bemerkenswert.

Die Auffassung Wissenschaftler könnten unbeeinflusst arbeiten entspricht kaum den Tatsachen. Es sind die Geldgeber, die bestimmen, in welche Richtung geforscht werden soll und die von der Vergrößerung sozialer Missstände nicht selbst betroffen sind, womit ihnen weder Verantwortung noch Interesse obliegen.

Der gemeine Mensch möchte nach Möglichkeit gedankenlosen Konsum und Teildisziplinen, aber nicht die Nachteile; Internet aber keine Überwachung, Stammzellen aber ohne Klonen, Atomkraft aber keine Endlager. Doch kann man sich entweder für oder gegen diese Innovationen aussprechen. Ein Mittelweg wäre Selbstbetrug.

Eines aber ist sicher – ewig leben werden WIR nicht – und ich zu meinem Teil bin darüber nicht unglücklich.

---

[150] www.gen-ethisches-netzwerk.de

Thesen

Zur Einstreuung durch die Motivatorin bzw. Moderatorin, wenn es zum Stillstand der Diskussion kommt:

- Der Ethikbegriff wird immer von der technologischen Entwicklung gedehnt
- Die Antiterrorkampagne der USA seit 9/11 schafft Toleranz für überwachungsstaatliche Entwicklungen in der ganzen Welt
- Sicherheit ist wichtiger als das Recht auf Schutz der Persönlichkeit
- Verbreitung von Technik dient in erster Linie finanziellen Interessen
- Durch den voranschreitenden Sozialabbau wird Zukunftstechnologie zum Filter der Gesellschaft
- Es ist wie Yin und Yang – entscheidet man sich für eine Technologie, entscheidet man sich auch für ihren Missbrauch
- Durch Werbekampagnen werden Konkurrenz und Individualismus angeregt, was dazu führt, dass sich jede selbst am nächsten ist und der Missbrauch von Innovationen auf wehrlosen Boden fällt

Literaturverzeichnis

Advance For Providers of Post-Acute Care (9/2002), S. 109: Better Technology, Better Care. Merion Publications

Apotheken Umschau (15.9.2005): "Laufhilfe mit Köpfchen". Wort & Bild Verlag. Baierbrunn

Baumann, W.-R. (7.7.2000): „Innovative Textilien. Eine Chance für die deutsche Textilindustrie?" High-Tex Stuttgart. Stuttgart

Bild der Wissenschaft (8/2004), S. 99: „Denken statt Klicken". Konradin Medien GmbH. Leinfelden-Echterdingen

Bundesministerium für Forschung und Bildung (2000): Kleidung mit integriertem Sonnenschutz

Cernaj, I.; Cernaj, J. (1997): Am Anfang war Dolly. Geklont und manipuliert – Leben als Spielzeug der Wissenschaft. Wilhelm Heyne Verlag. München

Der Brockhaus von A-Z in drei Bänden (Januar 2000). Weltbild Verlag. Augsburg

Der Spiegel (2/2004), S. 60ff.: „Der achte Tag". Spiegel Verlag. Hamburg

E-Business (8/2001), S. 102 f.: „evision". H&T Verlag GmbH. München

Farke, G. (2003): OnlineSucht. Wenn mailen und chatten zum Zwang werden. Kreuz Verlag. Stuttgart

Finkenzeller, K. (2003): RFID Handbook. John Wiley and Sons Ltd. New Jersey

Geo Magazin (8/2004), S.163: „Mumien-Rezepte". Gruner & Jahr. Hamburg

GID171. Gen-ethischer Informationsdienst (8/2005), S.24 ff.: „Einflussreiche Verbindungen". Gen-ethisches Netzwerk. Berlin

GID159. Gen-ethischer Informationsdienst (8/2003), S.36 ff.: „Stammzellen. Was können wir wollen?" Gen-ethisches Netzwerk. Berlin

GID157. Gen-ethischer Informationsdienst (4/2003), S.3 ff.: „Transgene Tiere. Ihr Leiden und ihr Wohlbefinden". Gen-ethisches Netzwerk. Berlin

GID155. Gen-ethischer Informationsdienst (12/2002), S.3 f.: „Ach Europa...und das Genfood". Gen-ethisches Netzwerk. Berlin

GID152. Gen-ethischer Informationsdienst (6/2002), S.4 ff.: „Schwerpunkt: Klonen von Menschen". Gen-ethisches Netzwerk. Berlin

GID148. Gen-ethischer Informationsdienst (10/2001): "Abhängig von sterilem Saatgut". Gen-ethisches Netzwerk. Berlin

GID134. Gen-ethischer Informationsdienst (9/1999), S.6 f.: „Datengewinn kennt kaum noch technische Barrieren". Gen-ethisches Netzwerk. Berlin

Greenpeace Magazin (3/2004), S. 46 ff.: „Starker Stoff. Unsere Kleidung unter der Lupe". Greenpeace Media GmbH. Hamburg

Institut für Kybernetik Berlin e. V. / Gesellschaft für Kommunikationskybernetik (Ausgabe 3/2000): Grundlagenstudien aus Kybernetik und Geisteswissenschaft. IfK-Verlag. Berlin

Inter Academy Council (2004): Inventing A Better Future. A Strategy For Building Worldwide Capacities In Science And Technology. Inter Academy Council

Lem, S. (1988): Frieden auf Erden. Suhrkamp Taschenbuch Verlag. Frankfurt am Main

Litaer, B.A. (1999; 2.Aufl.): Das Geld der Zukunft. Riemann Verlag. München

Maresch, R.; Rötzer, F. (2001): Cyberhypes. Möglichkeiten und Grenzen des Internets. Suhrkamp Verlag. Frankfurt am Main

Novo Jubiläumsausgabe (2001), S. 54 f.: „Grüne Gentechnik: Gesundes Risiko". Horn Verlag. Frankfurt

Pharmazeutische Zeitung (2002): „Lücken im Arzneimittelarsenal". Govi-Verlag. Eschborn

P.M. (5/2004), S. 20 ff.: „Können wir bald Gedanken lesen?". Gruner und Jahr AG & Co KG. München

Psyrembel. Klinisches Wörterbuch (1993). Walter de Gruyter Verlag. Berlin

RZ. Rhein-Zeitung (1.12.1997). Mittelrhein-Verlag GmbH. Koblenz

Schneider, R. (2004): Das Buch der verrückten Experimente. Bertelsmann Verlag. München

Schraft, R. D.; Hägele, M.; Wegener, K. (2004): Service Roboter Visionen. Hanser Verlag. München

Spektrum der Wissenschaft (1/2002), S. 12 ff.: „Die ersten geklonten menschlichen Embryonen". Spektrum der Wissenschaft Verlagsgesellschaft mbH. Heidelberg

Spangenberg, J. H. (2002): Versprechen machen nicht satt. Gentechnik und Welternährung. Beitrag für den Diskurs Gentechnik des BMVEL

Spektrum der Wissenschaft (4/2004), S.14 ff.: „Von der Ei- zur Stammzelle und zurück". Spektrum der Wissenschaft Verlagsgesellschaft mbH. Heidelberg

Spektrum der Wissenschaft (7/2004), S. 62 ff.: „Skalenfreie Netze". Spektrum der Wissenschaft Verlagsgesellschaft mbH. Heidelberg

Spektrum der Wissenschaft (7/2004), S. 86 ff.: „Der raffinierte Code des Lebens". Spektrum der Wissenschaft Verlagsgesellschaft mbH. Heidelberg

Spektrum der Wissenschaft (9/2004), S. 12 ff.: „Der Mensch denkt – der Computer lenkt?". Spektrum der Wissenschaft Verlagsgesellschaft mbH. Heidelberg

Spektrum der Wissenschaft (7/2005), S. 76 ff.: „Therapie im Cyberspace" .Spektrum der Wissenschaft Verlagsgesellschaft mbH. Heidelberg

Star Observer 11/2003, S. 48 ff.: "Korrekt gekleidet im All-Tag". Star Observer Verlag. Wien

Unterrichtsmaterialien GenTechnologie (1992): Grundlagen der Gentechnologie. Verlag die Werkstatt. Göttingen

Watzlawick, P.; Kreuzer, F. (2002): Die Unsicherheit unserer Wirklichkeit. Piper Verlag. München

Wilmut, I.; Campbell, K.; Tudge, C. (2001): Dolly. Der Aufbruch ins biotechnische Zeitalter. Carl Hanser Verlag. München

Wisniewski, C. (1996): Kleines Wörterbuch des Kostüms und der Mode. Reclam. Stuttgart

Woods, A.; Grant, T. (2002): Aufstand der Vernunft. Pro Media Verlag. Wien

Quellenangabe

www.3sat.de
www.archives.arte-tv.com
www.br-online.de
www.cryonics.org
www.cyberkineticsinc.com
www.druck-und-neue-medien.de
www.dupont.com
www.fashion-technics.com
www.futurezone.orf.at
www-gen-ethisches-netzwerk.de
www.heise.de

www.kevinwarwick.com

www.kybernetiknet.de

www.netzwelt.de

www.retina-implant.de

www.sato-deutschland.de

www.space-travellers.de

www.uni-mainz.de

www.uni-regensburg.de

www.uni-stuttgart.de

www.uni-tuebingen.de

www.uni-ulm.de

www.wikipedia.de

www.wissenschaft.de

Anhang

Grundlagen der Kybernetik

http://www.wikipedia.de

http://pespmc1.vub.ac.be/CYBSWHAT.html

http://www.gesellschaft-fuer-kybernetik.org/

Bekleidungstechnik

http://www.textil-online.de/Reden/E1222.htm

http://www.gsf.de/flugs/UV_Schutz_Textilien.pdf

Bionik

http://www.biokon.net/news/forschungsnews.shtml?archiv

Kryonik

http://www.wikipedia.de

http://www.cryonics.de/home.htm

RFID-Technik

http://www.verichipcorp.com

http://futurezone.orf.at/futurezone.orf?read=detail&id=230631&tmp=89761

Implantate

http://www.wireheading.com/roborats/ratbots.html

http://www.cyberkineticsinc.com/content/index.jsp

Patienten- Barcode

http://www.sato-deutschland.de/industry_solutions_folder/healthcare_folder/pics_healthcare/SATO_Brosch%C3%BCre.pdf

Anhang 2

Handout zum Referat im Fach Sozialmedizin

Kurzexkursion durch das Gebiet zukunftsweisender Technologien

Referentin: Jessica von Haeseler

Literatur

- κ Aldous Huxley: „Schöne neue Welt"
- κ Ludwig Fleck: „Entstehung und Entwicklung einer wissenschaftlichen Tatsache"
- κ Niklas Luhmann, Dirk Baecker: „Einführung in die Systemtheorie"
- κ Norbert Wiener: "Cybernetics or Control and Communication in the Animal and the Machine"
- κ Paul Watzlawick: „Die Unsicherheit unserer Wirklichkeit"; „Menschliche Kommunikation"
- κ Rudolf Maresch: „Cyberhypes. Möglichkeiten und Grenzen des Internet"
- κ Stanislav Lem: „Der futurologische Kongress"; „Und so sprach Golem"
- κ Simone de Beauvoir: „Alle Menschen sind sterblich"
- κ Ted Grant: "Aufstand der Vernunft"
- κ Thomas S. Kuhn: „Die Struktur wissenschaftlicher Revolutionen"

Filme

♟ Nanotechnik:	Die phantastische Reise
♟ Chaostheorie:	Butterfly Effect; Per Anhalter durch die Galaxis
♟ Gentechnik:	Gattaca; Code 46
♟ Klonen:	Die Insel; Sky Captain
♟ Cyberwelten:	Matrix; 13th Floor; Virtuosity;
♟ Überwachung:	Brazil; Minority Report; Flucht ins 23. Jahrhundert
♟ Künstliche Intelligenz:	Blade Runner; i-Robot
♟ Implantate:	The Bourne Identity; The Final Cut
♟ Cyborgs:	A.I.; Die Frauen von Stepford;

☠ Vernetzung:	Wargames
☠ Mutationen:	X-Men; Hulk; Spiderman
☠ Kryonik:	Demolition Man; Vanilla Sky; Forever Young
☠ Manipulations-Technologie:	Total Recall; Men in Black; Running Man; Equilibrium
☠ Klassiker:	Der Zauberer von Oz; Living On The Edge; Dark City; Enterprise; Future World

Anhang 3

Zufällige Entdeckungen in der Forschung

(Auszug aus: Stanislav Lem (1996): Imaginäre Größe, Suhrkamp Taschenbuch, S.34f.)

„R. Gulliver stellt sich im ersten Kapitel als ein Amateur-Bakteriologe vor, der eines Tages – vor achtzehn Jahren – beschloß, Bakterien die englische Sprache zu lehren. Die Anregung hierzu war zufälliger Natur. An dem fraglichen Tage nahm er aus dem Thermostat die Petri-Schälchen heraus, jene flachen Glasgefäße, in denen die Bakterien auf Agar-Gelatine in vitro gezüchtet werden. Bis zu diesem Zeitpunkt hat er, wie er sagt, die Bakteriologie nur als Hobby betrieben, ohne Anspruch oder Hoffnung auf irgendeine Entdeckung. Er liebte es einfach, wie er gesteht, das Wachstum der Mikroorganismen auf dem Agarsubstrat zu beobachten: ihn verblüffte die „Erfindungsgabe" der unsichtbaren „Pflänzchen, die auf dem trüben Nährboden Kolonien von der Größe eines Stecknadelkopfes bildeten. Um die Wirksamkeit der Antibakterienmittel zu prüfen, trug er solche verschiedenen Substanzen auf den Agarboden auf – mit der Pipette oder dem Tupfer; dort, wo sie ihre Wirkung zeitigten, bleibt das Agar frei von Bakterien. Und wie das manchmal Laboranten tun, schrieb R. Gulliver, nachdem er die Watte ins Antibiotikum getupft hatte, damit auf der glatten Fläche des Agar das Wort „yes". Diese Aufschrift, die unsichtbar war, wurde am nächsten Tag erkennbar, denn die sich intensiv vermehrenden Bakterien hatten das ganze Agar mit Ausnahme der Spur, die der als Federhalter benutzte Tupfer hinterlassen hatte, mit den Knötchen ihrer Kolonien bedeckt. In diesem Augenblick – so behauptet er – sei ihm zum ersten Mal in den Sinn gekommen, daß man diesen Prozeß „umkehren" könne..."

Kurz-Exkursion durch das Gebiet zukunftsweisender Technologien 39

„TBC-Bakterium hergestellt

Forscher der University of California haben durch einen gentechnischen Eingriff einen neuen, hochgefährlichen Tuberkulose-Erreger erzeugt. Sie hatten versucht, die vermutlich krankheitsauslösenden Gene des Tuberkulosebakteriums auszuschalten, produzierten dabei jedoch aus Versehen ein Bakterium, das noch weitaus tödlicher als sein natürlicher Verwandter wirkt. Aus Versuchen mit Mäusen folgerten die Forscher, dass das veränderte Bakterium vom Immunsystem der Mäuse nicht erkannt wurde und sich somit ungehindert vermehren konnte. Das Experiment wurde in den Proceedings of the National Academy of Science veröffentlicht (PNAS, 23.12.03, Nr.26, S.15918-15923, Abstract unter: www.pnas.org/cgi/content/abstract/100/26/15918).

(Biowaffen-Telegramm Nr. 24, 16.01.03, www.sunshine-project.de)"